HAUSTIERE FÜR KINDER

KATZEN

Mark Evans

Tierarzt

Übersetzt und bearbeitet von Katharina Georgi

Herold Verlag

Herold Verlag

Anmerkung für Eltern:
Dieses Buch zeigt Ihrem Kind, wie es verantwortlich und liebevoll mit seinem Haustier umgehen soll. Aber denken Sie bitte daran, dass es Ihre Hilfe und Unterstützung braucht, um täglich für sein Tier zu sorgen. Schenken Sie Ihrem Kind keine Katze, wenn Sie nicht sicher sind, dass Ihre Familie genügend Zeit und Fürsorge aufbringen kann, um sich angemessen um das Tier zu kümmern – sein ganzes Leben lang.

Projektleitung Liza Bruml
Bildredaktion Jane Coney
Lektorat Miriam Farbey
Gestaltung Rebecca Johns
Fotos Paul Bricknell
Illustrationen Sally Hynard und Peter Visscher

Übersetzt und bearbeitet von Katharina Georgi

© 1993 Herold Verlag, D-81675 München
[DK] Ein Dorling Kindersley Buch
Originaltitel: How to Look after Your Pet: Kitten
© 1992 by Dorling Kindersley Limited, London

Alle Rechte der Vervielfältigung und Verarbeitung einschließlich Film, Funk und Fernsehen sowie der Fotokopie, Mikrokopie und der Verarbeitung mit Hilfe der EDV vorbehalten. Auch auszugsweise Veröffentlichungen außerhalb der engen Grenzen des Urheberrechts- und Verlagsgesetzes bedürfen der Zustimmung des Verlages.
Ausgabe nach der neuen Rechtschreibung
Druck und Bindung: Artes Gráficas Toledo, S.A.

ISBN 3-7767-0586-8

Bildnachweis: Jane Burton S.28, S.29, S.35, S.40, S.41; Dave King S.17; NHPA/Stephen Dalton S.12; NHPA/Manfred Danegger S.13; NHPA/Gerard Lacz S.16, S.17; Steve Shott S.34.

Inhalt

8 Einführung

10 Was ist eine Katze?

12 Leben in der Wildnis

14 Rassekatzen

16 Das Aussehen

18 Nötige Ausrüstung

20 Katzenwahl

22 Willkommen zu Hause

24 Fütterung der Katze

26 Die glückliche Katze

28 Das macht Angst

30 Katzenerziehung

32 Die Wohnungskatze

34 Die Katze im Freien

36 Katzenwäsche

38 Ein Kätzchen wird erwachsen

40 Kastration

42 Gesundheitsvorsorge

44 Besuch beim Tierarzt

45 Meine Katze

45 Register

Einführung

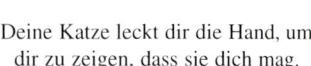

Um ein guter Katzenbesitzer zu werden, muss man zuerst einmal die richtige Katze auswählen. Am wichtigsten ist das Benehmen einer Katze und nicht ihr Aussehen oder ihr Alter. Sie wird eine gute Freundin, und ihr werdet viel miteinander spielen. Aber denk immer daran: Du musst dich jeden Tag um sie kümmern. Nicht nur am Anfang, sondern ihr ganzes Katzenleben lang.

Du wirst einiges extra für deine Katze kaufen müssen.

Wie du lernst, deine Katze zu verstehen

Wenn du deine Katze aufmerksam beobachtest, wirst du ihre besondere Art zu „sprechen" kennen lernen. An einem kurzen Schlagen ihres Schwanzes oder einer Bewegung ihrer Ohren wirst du sehen, ob sie glücklich oder traurig ist. Und bald schon wirst du verstehen, was sie sagt, wenn sie miaut oder schnurrt.

Deine Katze leckt dir die Hand, um dir zu zeigen, dass sie dich mag.

So sorgst du für deine Katze

Du wirst nur dann gut Freund mit deiner Katze sein, wenn du dich ständig um sie kümmerst. Du musst dafür sorgen, dass sie das richtige Futter frisst, immer Wasser hat und jeden Tag genügend Bewegung bekommt. Du musst sie außerdem häufig bürsten und einige Zeit damit verbringen, sie zu erziehen.

Bürste deine Katze möglichst jeden Tag.

Katzenspiele
Deine Katze liebt Spielzeug. Am liebsten hat sie Verfolgungs- und Angriffsspiele, denn damit kann sie ihre Jagdinstinkte üben.

Dein Kätzchen wird nach baumelndem Spielzeug schlagen

Menschen, die helfen können
Die besten Katzenbesitzer versuchen stets, mehr über ihr Tier herauszufinden. Du kannst den Tierarzt fragen, wie du am besten für die Gesundheit deiner Katze sorgst.

Du musst regelmäßig mit deiner Katze zum Tierarzt gehen.

Ein neues Familienmitglied
Deine Katze ist sehr selbstständig. Aber wenn du dich oft genug mit ihr beschäftigst, wird sie gerne zu deiner Familie gehören. Sie kann sogar mit einigen deiner anderen Tiere Freundschaft schließen. Du kannst sie dazu erziehen, dass sie die Regeln befolgt, die du und deine Familie für sie aufstellen.

Das solltest du dir merken
Wenn du mit einer Katze zusammenlebst, solltest du einige wichtige Regeln beachten:

🐾 Wasch dir nach jeder Beschäftigung mit deiner Katze die Hände.

🐾 Lass deine Katze nicht auf die Küchenschränke oder den Esstisch springen.

🐾 Lass deine Katze nicht in dein Bett.

🐾 Störe deine Katze nicht, wenn sie schläft.

🐾 Ärgere oder schlage deine Katze niemals.

Frage einen Erwachsenen.
👫 Bei diesem Zeichen solltest du einen Erwachsenen um Hilfe bitten.

Deine Katze gehört zur Familie

Was ist eine Katze?

Katzen gehören zu den Säugetieren. Wie fast alle Säugetiere sind Katzen Warmblüter und haben Haare. Wenn sie klein sind, trinken sie bei ihrer Mutter Milch. Nicht alle Katzen sehen gleich aus. Sie können groß oder klein sein, langhaarig oder kurzhaarig. Wenn sie erwachsen werden, bekommen sie ausgeprägte Sinne und geschmeidige athletische Körper.

Das Ohr kann sich in jede Richtung drehen, um Geräusche aufzufangen

Mit ihren schmalen Schultern kann die Katze durch enge Lücken schlüpfen

Leben auf vier Beinen
Jeder Teil des Katzenkörpers hat seine eigene Aufgabe. Das Fell hält ihn warm. Der schlanke Körper kann sich durch winzige Lücken quetschen und um Hindernisse herumwinden. Starke Muskeln geben den Hinterbeinen Kraft, sodass er hoch springen und über kurze Strecken sehr schnell rennen kann. Sein langer Schwanz hilft ihm, das Gleichgewicht zu halten.

Dickes Fell hält die Katze warm

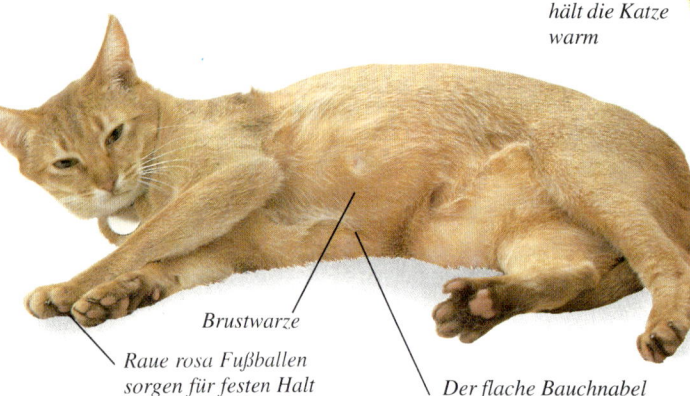

Brustwarze

Raue rosa Fußballen sorgen für festen Halt

Der flache Bauchnabel wird vom Fell verdeckt

Die Krallen liegen in einer Hauttasche, die man Krallentasche nennt

Deine Katze von unten
Betrachte den Bauch deiner Katze, und du wirst ihren flachen Bauchnabel entdecken. Zähle die Brustwarzen. Normalerweise wirst du acht finden. Wenn eine Katze Mutter wird, saugen ihre Kätzchen daraus die Milch.

Gespitzte aufmerksame Ohren

In hellem Licht wird die Pupille ein schmaler Schlitz

Die feuchte Nase entdeckt Gerüche

Der lange Schwanz bewegt sich wegen des Gleichgewichts hin und her

Die Schnurrhaare helfen der Katze auch im Dunkeln, sich zurechtzufinden

Schau deine Katze genauer an

Außergewöhnliche Sinne
Deine Katze hat bessere Sinnesorgane als du. Sie sieht bei schlechtem Licht besser als du. Sie hört auch schwache Geräusche, wenn du denkst, es sei still. Sie kann sogar durch Schnuppern erkennen, ob andere Katzen in der Nähe waren.

Der aufgerichtete Schwanz zeigt, dass die Katze aufmerksam ist

Spitze Zähne, die Fangzähne, halten das Futter fest

Die schwarzen Pupillen verändern je nach Lichtmenge ihre Form

Gekrümmte Krallen an den Vorderpfoten kommen aus den Taschen heraus, um zuzupacken

Das Hinterbein ist lang und kräftig

Die fünfzehige Vorderpfoten haben als Schutz raue Ballen

Die Ferse berührt nicht den Boden - dadurch kann die Katze schneller laufen

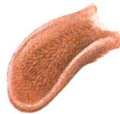

Die vierzehige Hinterpfote hat scharfe Krallen

Winzige Stacheln auf der Zunge raspeln Fleisch von Knochen und holen Schmutz aus dem Fell

Die Katze steht immer auf Zehenspitzen

Leben in der Wildnis

Hauskatzen gehören zur Familie der Kleinkatzen, deren wild lebende Verwandte Luchs, Puma und Wildkatze sind. Zu den Großkatzen gehören Löwen und Tiger. Wild lebende Katzen sind unabhängige Einzelgänger. Weil Kleinkatzen schon immer Mäuse und Ratten jagten, die den Menschen die Vorräte wegfraßen, haben die Menschen früh begonnen, Katzen zu zähmen und ans Haus zu gewöhnen.

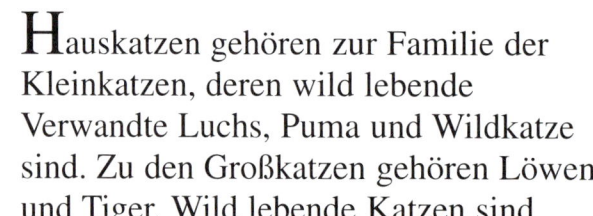

Europäische Wildkatze

Immer wild
Die Europäische Wildkatze ist sehr scheu, wie viele andere kleine Wildkatzen. Auch wenn sie wie eine Hauskatze aussieht, ist sie doch so ängstlich, dass sie niemals mit Menschen zusammenleben könnte. Die Nordafrikanische Wildkatze ist mutiger. Sie ist vermutlich die Ahne unserer Hauskatze.

Diese wilde langhaarige Katze hat ein schmutziges, verfilztes Fell

Mutige, angriffsbereite Katze

Diese Katze beobachtet all die anderen Streuner

Hinterhältig aussehende Katze

Eine alte, aber aufmerksame Katze ruht sich aus

Die Löwin beschützt ihre Jungen

Löwenrudel
Einige Großkatzen, wie zum Beispiel der Löwe, leben in einer Familiengemeinschaft, die man Rudel nennt. Bis zu zwanzig Löwen können einem Rudel angehören. Sie jagen zusammen und töten andere Tiere, die sie gemeinsam fressen.

Deine Eltern werden dir helfen, die Regeln für deine Katze aufzustellen

Straßenkatzen
Hauskatzen, die wild in Städten und auf dem Land leben, nennt man wilde Katzen. Sie leben oft in Gruppen zusammen. Sie jagen kleine Tiere und fressen Abfälle. Wenn es nicht genug Futter gibt, verlassen einige Katzen die Gruppe. Die restlichen Katzen kämpfen miteinander um die Nahrung.

Die aufmerksame Katze trägt den Schwanz hoch erhoben

Das Kätzchen sucht nach einem Spielgefährten

Neue Freunde
Menschen sind gute Freunde für Katzen. Sie machen ihnen ihr Futter nicht streitig. Sie füttern sie, geben ihnen einen warmen Platz zum Schlafen und helfen ihnen, ihr Fell sauber zu halten. Obwohl die meisten Katzen die Unabhängigkeit lieben, gehören sie gerne zu einer Familie.

Diese Katze hat sich zum Schlafen hingelegt, während andere aufpassen

Rassekatzen

Schon vor langer Zeit fingen die Menschen an, besondere Katzenarten zu züchten. Sie wählten dafür Katzen mit außergewöhnlichen Merkmalen, z. B. mit langem Haar oder besonders schönen Fellfarben. Dabei entstanden die unterschiedlichsten Rassen. Es gibt auch Mischlinge; sie sind eine Mischung aus verschiedenen Rassen.

Großer, runder Kopf

Langhaarige Hauskatze

Kurzhaarige Hauskatze

Hauskatzen
Den gebräuchlichsten Katzentyp nennt man Hauskatze. Alle Hauskatzen sind Kreuzungen oder Mischungen. Sie haben große, breite Köpfe. Einige haben langes Haar, andere kurzes glattes Fell.

Siamkatze
Siamesen haben ein kurzes Fell, einen schlanken Körper und einen keilförmigen Kopf. Sie sind sehr anhänglich und miauen häufig.

Große, spitze Ohren

Weiches, glattes Fell

Siamkatze

Dünnes Fell trocknet schnell

Kurze Nase

Perserkatze
Perserkatzen haben ein sehr langes und flauschiges Fell, runde, flache Gesichter und kräftige Körper. Häufig sind sie nicht so freundlich oder verspielt wie andere Katzen.

Perser

Türkische Van

Türkische Van
Türkische Van-Katzen haben ein sehr seidiges Fell. Im Unterschied zu anderen Katzen halten sie sich gerne im Wasser auf. Deshalb nennt man sie auch Türkische Schwimmkatzen.

Dunkelbrauner rautenförmiger Fleck im Gesicht

Birmakatze

Dickes, seidiges Fell

Glattes, glänzendes Fell

Burmakatze

Maine Coon

Von der Rassekatze zum Mischling

Zwei Reinrassige bekommen ein reinrassiges Junges

Das Kind sieht wie seine Eltern aus

Birmakatze
Die lebhaften Birmakatzen lieben Gesellschaft. Sie sehen den Siamesen ähnlich, aber sie haben längeres Fell.

Maine Coon
Die großen, kräftigen Maine Coons haben buschiges Fell. Sie sind liebenswerte Hausgenossen.

Burmakatze
Obwohl sie eng mit den Siamesen verwandt sind, haben Burmesen rundere Gesichter. Sie sind sehr aktiv und lieben Menschen.

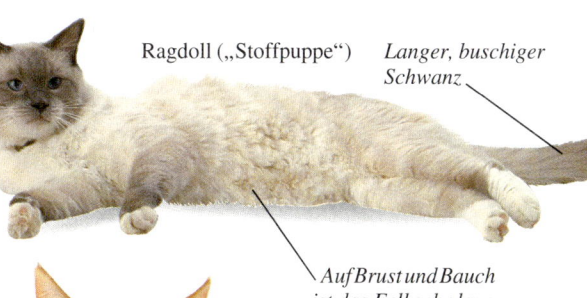

Ragdoll („Stoffpuppe")

Langer, buschiger Schwanz

Auf Brust und Bauch ist das Fell sehr lang

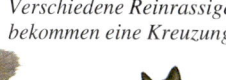

Verschiedene Reinrassige bekommen eine Kreuzung

Eine Kreuzung ist eine Mischung aus den Eltern

Ragdoll
Die großen, freundlichen Ragdolls sehen den Birmesen ähnlich. Wenn man sie hochhebt, entspannen sie sich und wirken schlaff – wie eine Stoffpuppe!

Abessinier
Die wunderschönen Abessinier sind sehr schmal, mit langen schlanken Beinen und großen Ohren. Sie sind aufmerksam und schlau, oft aber sehr laut.

Kurzes, dichtes Fell

Abessinier-Katze mit Jungen

Zwei Kreuzungen bekommen einen Mischling

Jede Mischlingskatze sieht ein bisschen anders aus.

Das Aussehen

Alle Katzen haben einen Kopf mit Augen, Ohren, Mund und Nase und einen Körper mit Fell. Aber Größe, Form und Farbe sind bei jeder Katze verschieden. Lass dich nicht in Versuchung führen, eine Katze nur nach ihrem Äußeren auszusuchen. Achte ebenso auf ihr Benehmen. Schließlich suchst du dir einen Freund für lange Zeit aus.

Scottish Fold

Kurzhaarige Hauskatze

Burmakatze

Maine Coon

Kurzhaarige Hauskatze

Perser

Kopfformen
Die meisten Katzen haben einen runden Kopf mit einem breiten Gesicht. Perserkatzen haben einen breiten Kopf und ein sehr flaches Gesicht. Manche Rassen haben einen schmalen Kopf mit einem spitzen Gesicht.

Tonkanese

Fellfarben
Das Fell einer Katze kann einfarbig sein, zum Beispiel schwarz, weiß oder schokoladebraun. Manches Fell hat zwei oder mehr Farben. Eine Schildpattkatze hat schwarze und rote Flecken.

Große oder kleine Ohren?
Katzen können alle möglichen Ohrtypen haben. Mischlingskatzen haben normalerweise kleine, spitze Ohren. Katzen, die ursprünglich aus heißen Ländern stammen, haben meist große Ohren. Einige Katzen haben haarige Ohren und andere sogar Hängeohren.

Schildpattschwanz *Weißer Rücken* *Schwarzes Fe[ll]*

Schwarzer Rücken

Weißes Bein Zweifarbig Dreifarbig Einfarbig

Fellmuster

Manche Katzen haben ein Tupfenmuster auf ihrem Fell. Andere Katzen, die getigerten, haben ein gestreiftes Fell. Viele Katzen haben ein geflecktes Fell. Wenn ihre Ohren, das Gesicht, die Pfoten und der Schwanz dunkel gefärbt sind, nennt man sie „Points".

Schwarze Flecken

Dunkle Ringe am Schwanz

Getigerter Rücken mit weißem Fleck

Dunkle Ohren

Hauskatze

Weiße Pfoten

Siamkatze

Dunkler Schwanz

Braune Pfoten

Kurzhaarige Hauskatze

Langes Fell ist weich

Kurzes Fell ist glatt

Birmakatze

Getigerte Hauskatze mit Weiß

Langhaar oder Kurzhaar?

Das Fell kann verschieden lang sein. Die meisten Hauskatzen haben kurzes Haar. Es ist leicht sauber zu halten, und es verfilzt nicht. Langhaarkatzen haben seidiges Fell, das sich verheddern kann. Ihr Fell muss jeden Tag gebürstet werden.

Keine Schnurrhaare

Haarlose Haut mit Falten

Die Katze hat nur einen Stummel anstatt eines Schwanzes

Außergewöhnliches und Seltsames

Manche Katzen haben außergewöhnliche Kennzeichen. Die Manxkatzen sehen aus wie gewöhnliche Katzen, aber sie haben keinen Schwanz! Polydaktyl-Katzen werden mit zu vielen Zehen geboren. Anstatt fünf Zehen an jeder Vorderpfote haben sie sieben. Die merkwürdigste Katze ist die Sphinx- oder Nacktkatze. Sie ist beinahe kahl.

Polydaktyl

Kätzchen mit sieben Zehen

Manx

Sphinx

Nötige Ausrüstung

Du benötigst eine spezielle Ausrüstung für dein neues Haustier. Alle Gegenstände sollten von guter Qualität sein. Sorge dafür, dass alles bereit ist, bevor du dein Kätzchen holst. Da eine kleine Katze mit fast allem spielen will, solltest du kontrollieren, ob nichts Gefährliches herumsteht.

Drahtkäfig

Plastiktransportkoffer

Reisekorb
Du brauchst einen Korb, um deine Katze zu tragen. Frage in der Tierhandlung nach einer speziellen Transportkiste. Ein starker Drahtkäfig wird länger halten.

Gemütliches Körbchen
Dein Kätzchen wird überall schlafen. Aber es wird sich auch gerne in seinem weichen, warmen Katzenbett zusammenrollen.

Himmelbett

Futterausrüstung
Kaufe einen Wassernapf, einen Futternapf und einen Plastikbehälter, in dem du Trockenfutter aufbewahrst. Außerdem brauchst du einen Löffel und eine Gabel, um das Futter in den Napf zu füllen.

Katzenklo

Plastikeimer Torfmull Sägespäne Katzenstreu

Papier Plastikplane

Schaufel

Sieblöffel

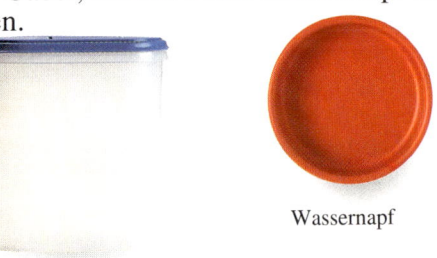

Luftdichter Behälter

Wassernapf

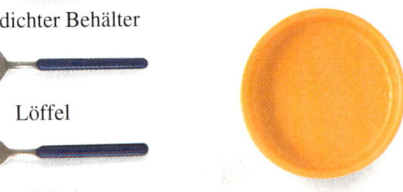

Löffel

Gabel

Futternapf

Katzenkiste und Katzenstreu
Katzen, die im Haus leben, und alle jungen Kätzchen gehen in einer Katzenkiste aufs Klo. Kaufe ein Katzenklo aus Plastik und Plastikbeutel. Außerdem brauchst du Katzenstreu, eine Schaufel, um die Kiste zu füllen, und einen Sieblöffel, um sie zu säubern und zu leeren. Du kannst die Streu in einem Vorratseimer aufbewahren. Lege altes Papier unter die Kiste, um den Fußboden sauber zu halten.

Halsband
Kaufe ein elastisches Halsband. Wenn es irgendwo hängen bleibt, wird es sich dehnen. Dann kann deine Katze ihren Kopf herausziehen.

Nylonhalsband

Doppelkamm

Bürste

Handtuch

Pflegeausrüstung
Kaufe einen feinen Kamm und eine weiche Bürste für deine Katze. Außerdem sollte sie ihr eigenes Handtuch zum Abtrocknen haben.

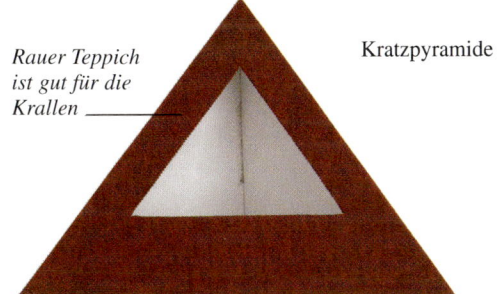

Rauer Teppich ist gut für die Krallen

Kratzpyramide

Kratzpyramide
Deine Katze will ihre Krallen wetzen. Kaufe oder baue eine entsprechende Vorrichtung, damit sie ihre Krallen nicht an den Möbeln schärft.

Maus   Plastikbälle   Mäuseband

Fischkette

Spielzeug
Katzen spielen gerne mit Dingen, die sich bewegen oder Geräusche machen. Kaufe oder bastle ein paar haltbare, kleine Spielsachen.

Namensschild aus Metall
Kaufe ein Metallschild und befestige es am Halsband deiner Katze. Lass deine Adresse und Telefonnummer eingravieren.

Namensschild aus Metall

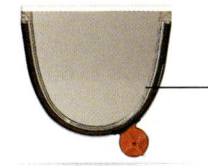

Die Katze kann die Klappe mit dem Kopf aufstoßen

Katzentür
Deine Katze will kommen und gehen, wann sie möchte. Kaufe eine Katzentür und montiere sie in der Haustür.

Eimer   Gummihandschuhe

Putzbürste   Desinfektionsmittel   Geruchsentferner

Blitzsauber
Manchmal wird deine Katze Schmutz hinterlassen. Deshalb brauchst du einige Reinigungsmittel, um wieder sauber zu machen. Dabei solltest du stets Gummihandschuhe tragen.

Gefahr!
Einige Dinge können Katzen verletzen.

Hängende Kabel sind gefährlich

Wolle und Nadeln können verschluckt werden

Manche Zimmer- und Gartenpflanzen sind giftig

Reinigungsmittel und Chemikalien schaden deiner Katze

Katzen lieben warme Plätze, aber Herdplatten sind gefährlich

An Abfall kann deine Katze ersticken

Katzenwahl

Du kannst dir eine Katze aus einem Wurf aussuchen, wenn sie ungefähr vier Wochen alt ist. Aber erst im Alter von neun Wochen kannst du sie mit nach Hause nehmen, wenn sie selbstständig genug ist. Schau dir die Mutterkatze an, damit du ungefähr weißt, wie dein Kätzchen ausgewachsen sein wird. Prüfe, ob das Kätzchen gesund ist.

Das Kätzchen beobachtet das Spielzeug

Verschmustes Kätzchen
Bevor du dir ein bezauberndes Katzenkind zulegst, überlege es dir gut. Es wird dich ganz schön in Atem halten, denn du musst mit ihm spielen und dafür sorgen, dass es nicht in Gefahr gerät.

Alt und klug
Eine ausgewachsene Katze kann ebenso nett sein wie ein Kätzchen, aber sie ist selbstständiger.

Wo bekommst du dein neues Haustier?
- Die Katze eines Freundes hat vielleicht Junge.
- Beim Züchter bekommst du eine Rassekatze.
- Tierheime haben Katzen jeden Alters und jeder Rasse, die ein neues Zuhause suchen.

Neugieriges Kätzchen

Lautes Kätzchen *Scheues Kätzchen*

1 Wenn der Besitzer dir die jungen Katzen zeigt, beobachte sie von einem Platz aus, an dem sie dich nicht sehen können. Suche nach einem lebhaften Kätzchen, das mit seinen Geschwistern spielt, aber kein Rabauke ist.

2 Beschäftige dich mit der Katzenmutter. Ist sie freundlich? Sie sollte schnurren, wenn du sie streichelst.

Streichle die Katzenmutter

Kätzchen bleiben dicht bei ihrer Mutter

3 Beobachte die Katzenkinder, um herauszufinden, welches das freundlichste ist. Sie werden dich als Kletterbaum betrachten und auf dir herumkrabbeln. Welches gefällt dir am besten?

Die Kätzchen kuscheln sich auf dir zusammen

4 Frage den Besitzer, wie du dein Lieblingskätzchen hochnehmen kannst. Stelle fest, welches Geschlecht es hat. Prüfe, ob das Kätzchen gesund ist. Es muss klare Augen und eine saubere Nase haben. Das Mäulchen sollte hellrosa sein mit kleinen weißen Zähnen. Schau nach, ob das Fell überall sauber ist, auch unter dem Schwanz.

Prüfe, ob die Ohren sauber sind

Hebe das Kätzchen hoch, damit du es besser anschauen kannst

Schreibarbeit
Notiere dir das Futter, die Medizin und die Impfungen, die dein Kätzchen bekommen hat. Der Tierarzt wird es wissen wollen.

Zwei Finger sollten unter das Halsband passen

5 Hole dein Kätzchen erst ab, wenn es mindestens neun Wochen alt ist. Nimm das Halsband und das Namensschild mit, außerdem einen Reisekorb für den Weg nach Hause.

Faltbare Transportschachtel

🐾 **Junge oder Mädchen?**
Kater sind normalerweise größer als Katzen. Sie entfernen sich weiter von zu Hause und kämpfen öfter. Du solltest deine Katze kastrieren lassen, wenn sie ungefähr acht Monate alt ist (s. S. 40).

Willkommen zu Hause

Bereite alles vor, ehe dein Kätzchen eintrifft, um ihm die Eingewöhnung zu erleichtern. In den ersten Tagen sollte es immer im gleichen Zimmer sein. Sorge dafür, dass alle Fenster geschlossen sind. Danach kann deine Katze das ganze Haus erkunden. Aber sie sollte stets freien Zugang zu ihrem Katzenkorb haben.

Besuch beim Tierarzt
Vereinbare einen Termin und gehe mit deinem neuen Kätzchen zum Tierarzt, wenn du es abgeholt hast. Der Tierarzt wird deine Katze untersuchen und nachsehen, ob sie gesund ist. Außerdem wird er dir sagen, ob sie irgendwelche Impfungen benötigt.

Kätzin

Kater

Welches Geschlecht hat dein Kätzchen?
Wenn ein Katzenkind noch sehr jung ist, ist es schwer herauszufinden, ob es eine Katze oder ein Kater ist. Bitte den Tierarzt, das festzustellen.

Wie du deine Katze hochnimmst
Du wirst dein Kätzchen hochheben wollen, um mit ihm zu schmusen oder um es vor Gefahren zu bewahren. Lege eine Hand unter seinen Bauch und die andere unter die Hinterbeine, dann kannst du die Katze hochheben. Wenn sie zu zappeln beginnt, setze sie vorsichtig wieder hinunter.

Lege eine Hand unter seine Brust

Stütze mit einer Hand die Hinterbeine

Kätzchen und Hund

Deine Katze und dein Hund können gute Freunde werden. Lass sie sich gegenseitig beschnüffeln, sobald sich deine Katze an die neue Umgebung gewöhnt hat. Pass gut auf, damit du gleich eingreifen kannst, wenn sie sich nicht mögen.

Das Kätzchen dreht sich ängstlich weg

Die Katze untersucht den Neuankömmling

Beschnüffeln des neuen Familienmitglieds

Die Katze starrt den Hund an

Eine andere Katze

Wenn du bereits eine Katze hast, sollte dein neues Haustier sie langsam kennen lernen. Lass die beiden Katzen nicht miteinander allein. Wenn dein Kätzchen zu verspielt ist, wird die andere Katze vielleicht nach ihm schlagen.

Vorbereiten der Katzentoilette

Stelle die gefüllte Katzenkiste in eine ruhige Zimmerecke. Dein Kätzchen möchte nicht neben dem Katzenklo fressen oder schlafen.

Vorratsbehälter mit Katzenstreu

Fülle die Katzenkiste

Eine gemütliche Ecke

Wähle eine warme Zimmerecke für Körbchen und Fressplatz. Dein Kätzchen sollte immer einen gefüllten Wassernapf haben. Du kannst auch etwas Trockenfutter daneben stellen (s.S. 24).

Interessantes Katzenspielzeug

In einem überdachten Körbchen fühlt sich dein Kätzchen sicherer

Warmer Schlafplatz

Fütterung der Katze

Deine Katze ist ein Fleischfresser, aber sie frisst auch kleine Mengen von Pflanzen und Gemüse. Um deine Katze gesund zu halten, kaufst du am besten spezielles Katzenfutter. Du kannst zwischen feuchtem und trockenem Futter wählen. Frage den Tierarzt, welches Futter für deine Katze geeignet ist.

Fleischfresser
Wenn deine Katze kein Fleisch bekommt, wird sie sehr krank. Sie benutzt ihre spitzen Eckzähne, um das Fleisch festzuhalten.

Deine Katze frisst in kauernder Haltung.

Trocken-
vollnahrung

Feucht-
vollnahrung

Reißzähne
Die rasiermesserscharfen Reißzähne zerteilen das Futter in ganz kleine Stücke, die dann im Ganzen geschluckt werden.

Alles in einem
Am einfachsten ist es, deine Katze mit einer Vollnahrung zu füttern. Diese enthält alles, was sie braucht. Das Futter ist entweder feucht oder trocken. Katzen knabbern gerne Trockenfutter.

Trocken-futter

Feuchtes Futter

Mischfutter

Mischfutter
„Ergänzendes" Futter muss mit anderem gemischt werden, damit eine gesunde Mahlzeit daraus wird.

Suche nach dem Wort „Katze"   *Alleinfuttermittel enthält alles*

Futter kaufen
👣 Lies die Beschreibung auf der Packung sorgfältig. Vergewissere dich, dass es sich um Katzenfutter handelt und Fleisch enthält. Dieses Etikett stammt von Dosenfutter für erwachsene Katzen. Ein Katzenkind braucht Futter für heranwachsende Katzen.

Katzenfutter

Alleinfuttermittel für Katzen, die älter als ein Jahr sind.

Füttern Sie so viel, wie Ihre Katze in mindestens zwei Mahlzeiten am Tag fressen wird.

Zusammensetzung: Fleisch und Fette, Protein 9%, Rohfett 4,5%, Rohfaser 0,3%, Wasser 81%, Vitamine A, D, E.

Haltbar bis

Recyclingzeichen   *Haltbarkeits-datum*

Täglich frisches Wasser
Deine Katze muss immer frisches Wasser zur Verfügung haben.

Wie viel soll man füttern?
Auf dem Etikett steht, wie viel du deiner Katze geben sollst. Die meisten Katzen sind vernünftig – sie werden nur fressen, bis sie satt sind. Wenn deine Katze dick wird, gib ihr weniger Futter.

Trockenfutter

Knabberfische

Leckerbissen
Gib deiner Katze nur ab und zu einen Leckerbissen. Wenn sie darum bettelt, gib ihr nichts.

Fütterzeiten
Gib deiner Katze öfter kleine Mahlzeiten. Die meisten Katzen fressen nur, wenn sie Hunger haben. Frisches Futter wird schnell schlecht. Entferne alles, was nach einer halben Stunde noch nicht gefressen wurde. Trockenfutter kann immer stehen bleiben.

Stelle den Fressnapf neben das Körbchen deiner Katze.

Das Kätzchen riecht das Futter und kommt näher

Achtung, ungesund!

Milch kann deine Katze krank machen

Essensreste verursachen ihr Bauchschmerzen

Schokolade ist ungesund für deine Katze

An Knochensplittern kann deine Katze ersticken

Die glückliche Katze

Eine Hauskatze kann dir auf viele Arten mitteilen, dass sie zufrieden ist. Zwar kann sie nicht lächeln oder lachen oder mit dir sprechen, aber sie gibt verschiedene Töne von sich. Pass genau auf, und du wirst sie oft schnurren oder maunzen hören. Sie wird dir mit verschiedenen Zeichen zeigen, dass es ihr gut geht. Deine Katze spielt und schläft, und oft drückt sie sich an dich. Schon bald wirst du erkennen können, ob deine Katze glücklich ist.

Die Katze leckt ihre Pfoten, um sich das Gesicht zu waschen

Entspannungsputzen
Deine Katze putzt sich oft, wenn sie zufrieden ist, auch wenn sie gar nicht schmutzig ist. Manchmal putzt sie sich auch, wenn sie aufgeregt ist, um sich selbst zu beruhigen.

Köpfchengeben
Wenn deine Katze dich begrüßt, reibt sie ihren Kopf an dir. Das ist ihre ganz persönliche Art, dir „hallo" zu sagen. Sie versucht, dir so nah wie möglich zu kommen.

Eine aufmerksame Katze stellt ihren Schwanz hoch

So gibt eine Katze Köpfchen

Die Katze hört ein Geräusch und schaut sich um

Die schläfrige Katze legt sich hin

Katzennickerchen
Wenn Katzen völlig entspannt sind, werden sie schläfrig. Sie schließen ihre Augen halb. Wenn sie etwas stört, sind sie sofort hellwach und aufmerksam.

Markieren eines Freundes
Wenn deine Katze dich mag, dann sorgt sie dafür, dass sie dich auch beim nächsten Treffen wieder erkennt. Sie reibt ihren Körper an dir und legt ihren Schwanz um deine Beine, um dich mit ihrem nicht wahrnehmbaren Geruch zu markieren.

Die Katze reibt sich an deinen Beinen, um ihren Geruch zu hinterlassen

Die glückliche Katze spielt mit ihrem Lieblingsspielzeug

Schnurren vor Vergnügen
Wenn deine Katze spielt, dann weißt du, dass sie glücklich ist. Manchmal wirst du ein knurrendes Geräusch oder ein Schnurren hören, wenn sie zufrieden ist.

Dein Schoß ist ein bequemer warmer Platz

Katzensprache
Du wirst merken, ob deine Katze rundum glücklich ist. Dann wird sie schnurren, maunzen oder miauen. Versuche herauszufinden, was sie dir damit sagen will.

Die raue Zunge kitzelt

Gemütlicher Platz
Wenn sie auf deinem Schoß sitzt, leckt deine Katze dich vielleicht, um dich zu waschen. Sie krallt dich vielleicht auch in die Beine. Damit will sie dich auf keinen Fall verletzen, sondern dir im Gegenteil zeigen, dass sie dich mag.

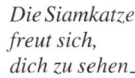

Die Siamkatze freut sich, dich zu sehen

Glückliches Miauen

Das macht Angst

Deine Katze ist ein ziemlicher Feigling. Wenn sie etwas erschreckt, läuft sie fort und versteckt sich. Sie kämpft nicht sehr gerne. Wenn eine andere Katze in ihr Revier einzudringen versucht, tut sie so, als sei sie mutig. Sie bläst sich zu doppelter Größe auf und gibt mit jedem Körperteil Signale, die den Gegner in die Flucht schlagen sollen. Wenn der Feind darauf nicht reagiert, wird deine Katze böse. Sie zeigt ihre Krallen und Zähne, und du kannst sie fauchen hören.

Was erschreckt deine Katze?

Feuerwerk macht Angst

Fremde Hunde sind bedrohlich

Reisen ist nicht immer schön

Ich bin ja sooo mutig!
Manchmal sieht deine Katze ganz verändert aus. Ihre Haare sträuben sich, und sie macht einen Buckel. Die Pupillen in ihren Augen sind keine Schlitze mehr, sondern werden kreisrund. Deine Katze fürchtet sich. Sie macht sich so groß wie möglich, um das zu vertreiben, was sie erschreckt.

Wie du deine Katze beruhigst
🐾 Knipse das Licht aus.
🐾 Sprich ruhig mit ihr.
🐾 Gib ihr etwas zu fressen.
🐾 Entferne den Gegenstand, der sie erschreckt.

Das Fell stellt sich auf

Durch einen Buckel wirkt eine Katze größer

Die schwarze Pupille wird größer

Das Schwanzfell sträubt sich

Die Pfote steht fest auf dem Boden

Die Katze starrt auf einen Punkt

Der Gefahr entfliehen
Katzen laufen normalerweise weg, wenn sie Angst haben. Deine Katze kriecht vielleicht unter dein Bett oder springt auf ein Regal. Sie sitzt gerne auf einem erhöhten Platz, wo sie alles unter Kontrolle hat.

Die Katze hat sich in Sicherheit gebracht

Die Pupille ist ein großer Schlitz

Gesträubtes Fell

Vor Ärger knurren
Wenn deine Katze sich nicht fürchtet, aber erregt ist, dann kauert sie sich zusammen. Sie macht ein tiefes knurrendes Geräusch und starrt ohne zu blinzeln auf das, was sie verunsichert. Die dunklen Pupillen in ihren Augen werden zu Schlitzen. Am besten lässt du deine Katze in Ruhe, solange sie reizbar ist.

Das Maul ist fest geschlossen

Der Schwanz ist um den Körper gelegt, um ihn in Sicherheit zu bringen

Die Ohren sind flach an den Kopf gelegt

Die Pupille vergrößert sich vor Angst

Angezogene Pfote, um jederzeit zuschlagen zu können

Zusammengerollte Zunge, um zu fauchen

Voller Furcht
Wenn es deiner Katze nicht gelingt, in die Flucht zu schlagen, was sie so erschreckt, wird sie völlig außer sich geraten. Sie öffnet ihr Maul, um ihre scharfen Zähne zu zeigen, und faucht laut.

Katzenerziehung

Du wirst deiner Katze nicht beibringen können, wie ein Hund auf Kommandos zu hören. Aber sie kann ihren Namen lernen, aufs Katzenklo gehen und eine Katzentür benützen. Und sie wird dich vielleicht mit einigen Dingen überraschen, die sie sich selbst beibringt.

Die Katzenmutter benutzt die Katzentoilette

Die Kätzchen beobachten ihre Mutter

Von der Mutter lernen
Junge Kätzchen beobachten ihre Mutter, wie sie auf das Katzenklo geht. Schon bald lernen sie, dass sie es ebenfalls benützen sollen.

Wie du deine Katze zur Sauberkeit erziehst
Setze dein Kätzchen jede halbe Stunde, wenn es wach ist, sanft ins Katzenklo. Dein Katzenkind will die Kiste in einer ruhigen Zimmerecke und nicht neben seinem Fressen stehen haben.

Hebe dein Kätzchen vorsichtig in seine Kiste

Kiste mit frischer Katzenstreu

Plastikplane

So hältst du die Kiste sauber
Wenn dein Kätzchen das Klo benutzt hat, entferne die feuchte Katzenstreu, denn das Tier wird die schmutzige Kiste nicht betreten. Jeden Tag einmal solltest du die Kiste säubern und wieder auffüllen.

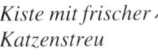

Trage stets Gummihandschuhe

Entferne schmutzige Streu mit dem Sieblöffel

Unfälle werden passieren!
Allen jungen Katzen passieren „Unfälle". Du musst das Ergebnis beseitigen. Schrubbe den Boden mit Wasser und Desinfektionsmittel. Dann besprühe ihn mit Geruchsentferner, denn wenn dein Kätzchen sein Geschäft noch riechen kann, wird es sich vermutlich am selben Ort noch einmal verewigen.

Geruchsentferner

Gummihandschuhe

1 Um deiner Katze beizubringen, wie sie die Katzentür benutzen soll, halte die Klappe mit einem Stock offen. Die Katze wird merken, dass sie den Kopf hindurchstecken kann, um sich umzusehen.

Benütze einen kleinen Stock, um die Klappe offen zu halten

2 Dann locke deine Katze durch die Klappe hindurch. Hebe die Klappe hoch und zeige der Katze etwas Futter. Sie wird die Klappe mit ihrem Kopf aufstoßen und dann hindurchklettern.

Die Katze steigt vorsichtig durch die Klappe

Halte etwas Futter als Belohnung bereit

3 Lass die Katzentür während des Tages unverschlossen. Deine Katze wird schnell lernen, die Klappe ohne deine Hilfe zu benützen. Bald schon wird sie kommen und gehen, wann sie will.

Die Katze klettert durch die Klappe

So belohnt man eine brave Katze.
🐾 Schmuse mit ihr.
🐾 Spiele mit ihr.
🐾 Gib ihr einen Leckerbissen.

Angemessene Bestrafung
Du kannst deine Katze davon abhalten, etwas Unerlaubtes zu tun.

Standpauke für deine Katze
Wenn du deine Katze bei etwas Unerlaubtem ertappst, sage mit lauter Stimme „Nein" zu ihr. Aber schlage sie niemals. Denn wenn du das tust, wird sie es sich zweimal überlegen, bevor sie wieder in deine Nähe kommt.

Drohe deiner Katze mit erhobenem Finger

Die unfolgsame Katze versucht, eine Pflanze zu fressen

Besprühe deine Katze mit Wasser. Sie hasst es, nass zu werden.

Laute Geräusche erschrecken deine Katze

Die Wohnungskatze

Katzen verbringen viel Zeit im Haus. Sie suchen sich mit Vorliebe die wärmsten Plätze aus, um sich dort zusammenzurollen und zu schlafen, und das ist oft nicht ihr Körbchen. Vielleicht darf deine Katze nicht ins Freie. Aber es gibt viele Beschäftigungsmöglichkeiten im Haus, die sie aktiv und gesund halten.

In einem Haus aus Karton kann man sich gut verstecken

Aussichtsplattform

Bewege das Spielzeug, damit deine Katze darauf aufmerksam wird

Eine mit festem Seil umwickelte Säule zum Klettern

Abenteuerspielplatz
Du kannst einen Spielbaum für drinnen für deine Katze basteln oder kaufen. Er ist Klettergerät, Kratzbaum und Spielfläche in einem. Er sollte sehr robust sein, denn Katzen sitzen nicht gerne auf wackligen Gegenständen.

Die Katze schaut aus der Röhre heraus

Eine mit Fell ausgelegte Röhre ist ein wundervoller Schlafplatz

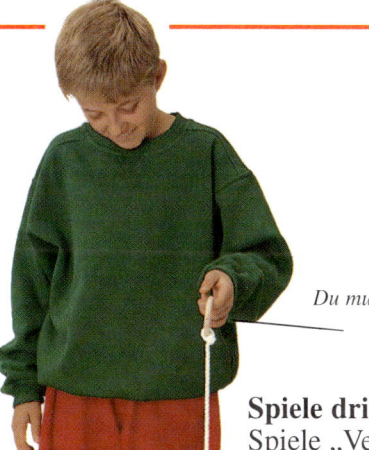

Du musst schnell reagieren.

Kratzpyramide
Deine Katze muss ihre Krallen wetzen. Bastle eine Kratzpyramide für sie oder gib ihr ein Kratzseil. Dann wird sie vielleicht nicht die Möbel verkratzen.

Die Katze wetzt ihre Krallen an dem Teppich

Spiele drinnen
Spiele „Verfolgungsjagd" mit deiner Katze. Lass ein weiches Spielzeug vor ihr herunterbaumeln und ziehe es schnell weg, wenn sie danach greift. Sie ist viel schneller als du.

Pyramide aus Karton und Teppich

Vorsicht!
Katzen schlafen manchmal an gefährlichen Plätzen.

Die Katze hält mit ihren Vorderpfoten das Spielzeug fest

Eine Felldecke hält die Schlafwiege warm

Schließe immer die Waschmaschinentür.

Katzenwiege
Deine Katze liegt gerne in einer Katzenwiege vor der Heizung. Von diesem gemütlichen Schlafplatz aus hat sie eine gute Übersicht.

Sorge dafür, dass deine Katze nicht ins Auto klettern kann.

Deine Katze bevorzugt vielleicht ein Körbchen ohne Dach

Pass auf den Kamin auf.

Die Katze rollt sich im Korb zusammen

Bettzeit
Beobachte, wo deine Katze am liebsten schläft. Stelle ihr Körbchen dorthin. Nach einiger Zeit wird sie sich vermutlich einen neuen Lieblingsplatz suchen.

Ungewöhnliche Schlafplätze
Manchmal schläft deine Katze an den ungewöhnlichsten Stellen. Also suche weiter, wenn du glaubst, sie sei verloren gegangen!

Die Katze im Freien

Katzen können eine Woche, nachdem sie ihre Impfungen bekommen haben, das Haus verlassen (s. S. 22). Vielleicht bleibt deine Katze im Garten, aber vielleicht erkundet sie auch die Umgebung. Sie erprobt ihre Jagdfähigkeiten und markiert ihr Revier. Dazu kratzt und reibt sie sich an Gegenständen, um ihren Geruch zu hinterlassen. Sie kontrolliert ihr Revier regelmäßig und vertreibt eindringende andere Katzen (s. S. 28).

Jagen lernen

Beobachte, wie deine Katze sich anschleicht, auf den richtigen Moment wartet und sich dann auf die im Wind fliegenden Blätter stürzt. Sie übt ihre Jagdfähigkeiten.

Die Katze pirscht sich an die raschelnden Blätter heran

Pfote, zum Schlag bereit

Der Sportler

Katzen haben einen ausgezeichneten Gleichgewichtssinn. Deshalb fallen sie selten irgendwo herunter. Sie können auf schmalen Kanten balancieren ohne abzurutschen. Wenn Katzen springen, kauern sie sich erst zusammen und stoßen sich dann mit einem Satz mit ihren kräftigen Hinterbeinen ab.

Vorderbeine voraus

Wenn Katzen irgendwo herunterspringen, landen sie meist auf ihren Füßen. Die Ballen an ihren Vorderpfoten dämpfen die Landung.

Angezogene Hinterbeine

Die Vorderbeine fangen den Sprung auf

Kletterkunststücke
Deine Katze schaut gerne von den höchsten Plätzen, die sie erreichen kann, hinunter. Sie benutzt ihre gebogenen Krallen, um an einem Baum hinaufzuklettern. Hinunter kommt sie entweder durch Klettern oder Springen.

Die Katze schaut zu dir hinunter

Privattoiletten

Katzen graben sich ein Loch als Klo

Die Katze schärft ihre Krallen an der Baumrinde

Sie hocken sich auf das Loch. Die meisten Katzen vergraben ihre Geschäfte

Wenn deine Katze sich nicht mehr hinunter traut, kann dein Rufen sie dazu ermutigen

Kratzen an der Rinde
Ein alter Baumstamm gibt einen guten Kratzbaum für deine Katze ab. Die scharfen Kratzspuren sind Botschaften. Sie zeigen anderen Katzen, dass dieser Baum zum Revier deiner Katze gehört.

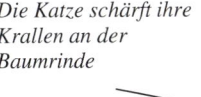

Kater versprühen manchmal im Stehen Urin, um ihr Revier zu kennzeichnen

Die Katze steht auf den Hinterbeinen, während sie ihre Krallen wetzt

Die Katze reibt sich an der Pflanze, um ihren Geruch zu hinterlassen

Duftmarke setzen
Oft kannst du beobachten, wie deine Katze sich an manchen Gegenständen im Garten reibt, um dort ihren ganz persönlichen Geruch zu hinterlassen. Andere Katzen können an dem Geruch erkennen, ob deine Katze männlich oder weiblich ist und wann sie hier war.

Katzenwäsche

Deine Katze ist von der Nase bis zur Schwanzspitze in Fell gehüllt. Zu bestimmten Zeiten verliert deine Katze eine Menge Haare, sie haart sich. Sie putzt sich regelmäßig, um sich sauber zu halten und um lose Haare zu entfernen. Bürste deine Katze jeden Tag. Das pflegt ihr Fell und gewöhnt sie an deine Hand.

Die Pfote wird angefeuchtet, um das Gesicht zu putzen

Gesichtswäsche
Deine Katze hat eine tolle Methode, ihr Gesicht zu waschen. Sie benutzt statt Wasser und Seife ihren Speichel und ihre Pfote als Waschlappen. Sie führt ihre Pfote in Kreisen rund um die Wangen. Dann wäscht sie sich auch noch hinter den Ohren.

Der Kopf erreicht fast alle Stellen

Die Vorderzähne entfernen den Schmutz

Schmutzbeseitigung
Schmutz und kleine Pflanzenteile bleiben im Katzenfell hängen. Es kann auch verfilzen. Deine Katze benutzt ihre kleinen Schneidezähne, um den Schmutz herauszuholen und Verfilzungen zu entwirren.

In die Luft gestrecktes Bein

Der Rücken krümmt sich, damit die Katze ihr Bein putzen kann

Die raue Zunge putzt das Innenbein

Haarbälle
Deine Katze verschluckt das lose Haar, das sie sich beim Putzen herauszieht. Normalerweise scheidet sie es unproblematisch wieder aus. Langhaarige und haarende Katzen können zu viel Haar verschlucken. Dann rollt es sich im Bauch zu einem kleinen Ball zusammen. Wenn deine Katze Haarbälle herauswürgt, solltest du mit ihr zum Tierarzt gehen.

Putzgymnastik
Die Oberfläche der Katzenzunge ist mit harten kleinen Häkchen bedeckt. Diese benutzt die Katze wie einen Kamm. Eine Katze ist sehr gelenkig, sodass sie sich fast überall putzen kann.

Pflege der Langhaarkatze

Sie sollte jeden Tag gebürstet werden. Beginne mit dem Rücken deiner Katze. Streiche über das Fell vom Kopf bis zum Schwanz. Deine Katze liebt es, gebürstet zu werden - vielleicht fängt sie sogar an zu schnurren.

Kämmen des Fells

Wenn du mit dem Bürsten fertig bist, ziehe vorsichtig den Kamm durch das Fell. Sei nicht grob. Wenn du einen Knoten findest, entwirre ihn mit den Fingern. Kämme deine Katze überall, besonders auf dem Bauch.

Setze die Katze in deinen Schoß

Eine zufriedene Katze beginnt zu schnurren

Konzentriere dich beim Kämmen immer auf eine Stelle

Pflege der Kurzhaarkatze

Bürste deine Kurzhaarkatze zweimal wöchentlich. Während du das tust, kannst du gleichzeitig prüfen, ob ihr Fell in Ordnung ist (s. S. 42).

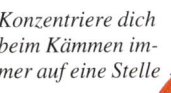

Bürste zuerst ihren Rücken

Abtrocknen einer nassen Katze

Wenn deine Katze sehr nass geworden ist, trockne sie mit ihrem Handtuch ab. Setze sie zwischen deine Knie und rubble sie vorsichtig überall ab. Die Ballen an den Pfoten sind vielleicht schmutzig, also vergiss nicht, sie abzureiben.

Wickle deine Katze ins Handtuch

Ein Kätzchen wird erwachsen

Du und deine Katze seid Freunde fürs Leben. Tagtäglich musst du für sie sorgen. Solange sie klein ist, musst du auf sie aufpassen, als ob du ihre Mutter wärst. Wenn sie ein Jahr alt ist, ist sie erwachsen. Sie wird nun viel allein unternehmen, aber sie ist immer gern mit dir zusammen. Deine Katze wird viele Jahre leben. Wenn sie alt ist, braucht sie besondere Fürsorge.

Die Augen von neugeborenen Katzen sind noch geschlossen

Wie man für ein Kätzchen sorgt
Ein Kätzchen ist hilflos. Es braucht seine Mutter, die es füttern und säubern muss. Sie bringt ihm bei, wie man sich putzt, nach Nahrung jagt und eine Katzenkiste benutzt.

Spiele
Wenn Katzen ein paar Wochen alt sind, beginnen sie miteinander zu spielen. Dabei lernen sie alles, was sie später brauchen. Im Alter von 14 Wochen sind Kätzchen genauso geschickt und anmutig wie ausgewachsene Katzen.

Spielerischer Kampf, um die Jagdfähigkeiten zu üben

Rosette für den Besitzer der Siegerkatze

Gepflegtes Fell

Preisgekrönte Ragdoll-Katze

Unbekümmert wie ein Kätzchen
Eine erwachsene Katze weiß, dass sie sich auf dich verlassen kann, dass du ihr zu fressen und einen warmen Schlafplatz geben wirst. Sie kann ihre Zeit mit Spielen verbringen, denn sie muss sich nicht selbst um ihr Futter kümmern.

Katzenausstellung
Du kannst deine Katze auf eine Katzenausstellung bringen. Die Preisrichter werden diejenigen Katzen auszeichnen, die die schönsten Beispiele ihrer Rasse oder ihres Typs darstellen. Es gibt auch Ausstellungen, auf denen deine Katze einen Preis für das lauteste Schnurren oder den buschigsten Schwanz gewinnen kann!

Der Schwanz ist für das Gleichgewicht einer Katze wichtig

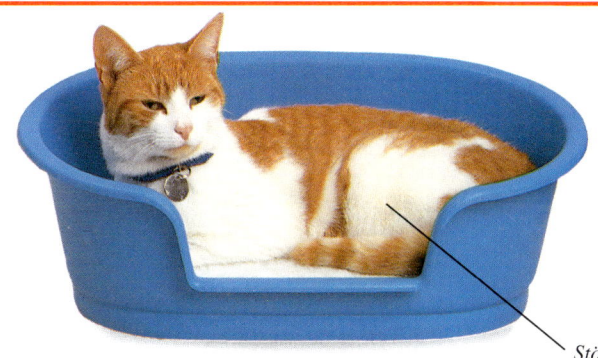

Störe eine schlafende oder ruhende alte Katze nicht

Wie man für eine ältere Katze sorgt
Wenn deine Katze älter ist, wird sie noch mehr schlafen. Vielleicht ist es für sie schwierig geworden, sich überall zu putzen, deshalb braucht sie dabei deine Hilfe. Bringe sie zu regelmäßigen Untersuchungen zum Tierarzt.

Schüttle das Seil, damit sich das Spielzeug bewegt

Die Pfoten greifen danach

Die Katze steht aufrecht

Ferienzeit

Trennungen
Du kannst deine Katze nicht überallhin mitnehmen. Du musst sie für ein paar Stunden allein lassen, wenn du in der Schule bist, und auch, wenn du verreist.

Für kurze Zeit getrennt
Bevor du weggehst, sorge dafür, dass deine Katze Futter, frisches Wasser, Spielzeug und ein sauberes Katzenklo hat. Wenn deine Katze hinaus darf, prüfe, ob die Katzentür unverschlossen ist.

Freunde kümmern sich
Wenn du verreist, bleibt deine Katze lieber zu Hause. Versuche, einen verlässlichen Freund zu finden, der jeden Tag nach deiner Katze schaut. Schreibe alle wichtigen Dinge auf, die jeden Tag erledigt werden müssen, und notiere Namen und Telefonnummern deines Tierarztes.

Katzenheim
Wenn du niemanden hast, der sich zu Hause um deine Katze kümmert, kannst du sie in eine Katzenpension bringen. Das ist eine Art Hotel für Katzen.
Wenn du deine Katze auf Reisen mitnimmst, befördere sie in einem robusten Reisekorb.

Kastration

Genauso wie Frauen Kinder bekommen können, können auch Katzen Junge bekommen. In einem Wurf können bis zu acht Kätzchen sein. Du musst dir gut überlegen, ob deine Katze Junge haben soll. Der Tierarzt kann sowohl weibliche wie männliche Katzen operieren; das nennt man kastrieren. Danach kann deine Katze keine Jungen mehr bekommen.

Fast wie vorher
Deine Katze wird nach einer Kastration fast genauso aussehen wie vorher. Aber sie wird sich anders benehmen. Ein kastrierter Kater wird nicht nach einer Freundin Ausschau halten, und er wird auch nicht so viel kämpfen. Eine kastrierte Katze will keine Jungen haben.

Du wirst keinen Unterschied feststellen

❧ Verantwortungsvoller Besitzer
Vielleicht stellst du es dir ganz lustig vor, wenn deine Katze Junge bekommt. Aber normalerweise ist es besser, wenn du sie kastrieren lässt. Wenn deine Katze Mutter wird, kann das sehr teuer werden. Du hast viel Arbeit damit, und außerdem musst du für jedes Katzenkind ein gutes Zuhause finden.

1 Neugeborene Kätzchen können schlafen, trinken und kriechen. Sie trinken an den Zitzen ihrer Mutter. Die Katzenmutter verbringt viel Zeit mit der Aufzucht ihrer Jungen. Sie leckt sie, um sie sauber zu halten.

Die Mutterkatze putzt ihr Junges

Die Mutter streckt ihr Bein weit weg, damit die Jungen ihre Zitzen erreichen können

Die Kätzchen drängeln sich um die Zitzen

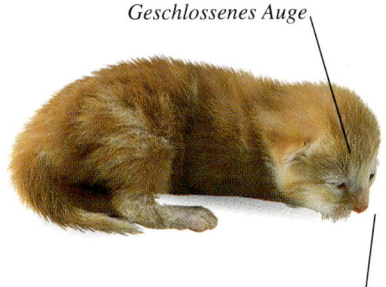

Geschlossenes Auge

Die feine Nase führt das Kätzchen zu seiner Mutter

2 Ein vier Tage altes Kätzchen kann noch immer weder sehen noch hören. Es kann kriechen, aber es ist noch sehr wacklig, wenn es aufzustehen versucht. Mit zehn Tagen sind seine Augen geöffnet, und es kann auch schon hören.

3 Mit vier Wochen hat ein Kätzchen laufen gelernt. Es spielt gerne mit seinen Geschwistern und mit seinem Besitzer. In einigen Wochen kann es seine Mutter verlassen und in sein neues Zuhause gebracht werden.

Spiele mit deinem Kätzchen, damit es sich an dich gewöhnt

Erhobener Schwanz sorgt für das Gleichgewicht

Die Ohren lauschen dem Geräusch des Spielzeugs

Das Kätzchen kann jetzt auf Zehenspitzen gehen

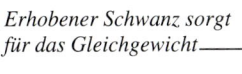

4 Mit fünf Monaten ist ein Kätzchen nicht mehr so verspielt wie vorher. Es wächst schnell und beginnt, mit anderen Katzen zu kämpfen. Nach einem weiteren Monat können alle weiblichen Katzen bereits selbst Junge bekommen. Dann ist es Zeit, sie kastrieren zu lassen.

Eine aufmerksame Katze stellt ihre Ohren nach vorne

5 Mit ungefähr einem Jahr ist deine Katze ausgewachsen. Sie ist jetzt sehr selbstständig. Sie wird regelmäßig ihr Revier kontrollieren. Wenn die weiblichen Katzen nicht kastriert wurden, sind sie jetzt vielleicht bereits selbst Mutter geworden.

Gesundheitsvorsorge

Du musst gut für deine Katze sorgen, damit sie gesund und in Form bleibt. Du musst ihr das richtige Futter geben (s.S. 24), sie gut pflegen (s.S. 36) und ein paar einfache Untersuchungen mit ihr durchführen. Wenn du das jeden Tag tust, kannst du schnell feststellen, ob es deiner Katze nicht gut geht. Wenn du meinst, dass irgendetwas nicht in Ordnung ist, bringe sie sofort zum Tierarzt.

Gesundes Fell glänzt

Streiche das Fell gegen den Strich

Kralle hat die richtige Länge

Die Kralle ist zu lang

Halte deine Katze mit einem Arm um ihren Bauch herum fest

1 Prüfe, ob das Fell deiner Katze in Ordnung ist. Streiche mit den Fingern hindurch. Es sollte sich trocken anfühlen und sauber riechen. Vergiss nicht, auch versteckte Stellen zu untersuchen, wie zum Beispiel unter dem Schwanz.

2 Untersuche sorgfältig die Pfoten deiner Katze. Schau nach, ob nichts in den weichen Ballen steckt oder im Fell zwischen den Zehen. Presse jede Pfote vorsichtig, sodass die Krallen herauskommen. Prüfe, ob sie sauber und nicht zu lang sind.

3 Untersuche die Ohren deiner Katze. Halte den spitzen oberen Teil fest und schaue in die behaarte Öffnung. Das Ohr sollte sauber sein. Wenn es riecht, könnte deine Katze krank sein.

Ziehe den oberen Teil des Ohrs vorsichtig zurück

Halte ihren Kopf still

4 Untersuche die Augen deiner Katze. Eine helle Lampe wird dir dabei helfen. Lege eine Hand unter das Kinn und die andere auf die Stirn der Katze. Ihre Augen sollten klar und glänzend sein und keine Tränen in den Augenwinkeln haben.

5 Vergewissere dich, dass nichts im Maul deiner Katze stecken geblieben ist. Lege eine Hand über ihre Nase und ziehe ihren Kopf leicht zurück. Ihr Maul wird sich öffnen. Ziehe mit deiner anderen Hand ihren Unterkiefer herunter. Ihre Zunge sollte rosa sein.

Die Zähne sollten sauber und weiß sein

Zahncreme für Haustiere

Zahnbürste mit langem Stiel

6 Reinige ab und zu die Zähne deiner Katze. Verwende dazu etwas Zahncreme für Haustiere oder eine milde Salzlösung. Stecke ihr die Bürste seitlich ins Maul. Bürste rückwärts und vorwärts entlang der Zahnaußenseite.

Verwende das schmale Ende der Bürste

Halte den Kiefer gut fest

Pflegeliste für deine Katze

Benütze diese Liste, um Buch zu führen über all die Arbeiten, die du verrichten musst.

Kopiere diese Liste. Hake jeden Posten ab, wenn du ihn erledigt hast

Jeden Tag:
Füttere deine Katze.
Reinige die Schüsseln.
Gib ihr frisches Wasser.
Entferne verschmutzte Streu.
Bürste ihr Fell.
Untersuche das Fell.
Untersuche die Pfoten.
Untersuche Ohren und Augen.
Schau ins Maul.
Säubere die Katzenkiste.

◆

Einmal die Woche:
Reinige die Zähne.
Wiege deine Katze.
Reinige den Spielbaum.
Prüfe, ob noch genug Futter und Katzenstreu da ist.

◆

Einmal im Monat:
Gib deiner Katze Medizin.
Wasche die Felldecke.

◆

Einmal im Jahr:
Bringe deine Katze zur Untersuchung zum Tierarzt.
Impfungen

Besuch beim Tierarzt

Der Tierarzt und die Arzthelferinnen möchten, dass deine Katze gesund und glücklich bleibt. Sie werden dir sagen, wie du richtig für deine Katze sorgen kannst. Du kannst sie alles fragen, was du wissen willst. Sie werden auch versuchen, deiner Katze zu helfen, wenn sie krank ist.

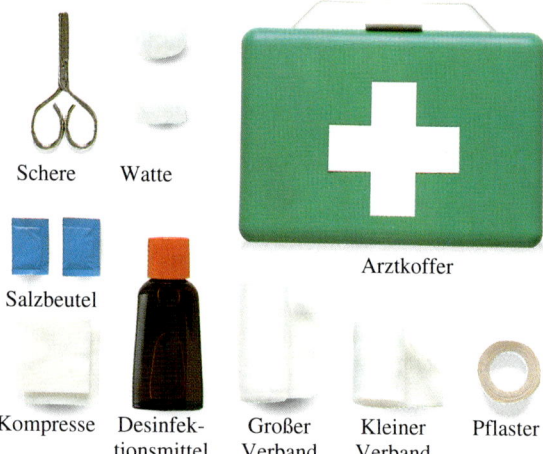

Schere   Watte

Arztkoffer

Salzbeutel

Kompresse   Desinfektionsmittel   Großer Verband   Kleiner Verband   Pflaster

Die Arzthelferin hält deine Katze fest

Mit einem Stethoskop kann man den Herzschlag der Katze hören

Erste-Hilfe-Ausrüstung für Katzen
Du kannst eine spezielle Erste-Hilfe-Ausrüstung für deine Katze vorbereiten. Die Arzthelferin wird dir erklären, wie jedes Teil verwendet wird. Genauso wie du, verletzt sich deine Katze manchmal. Die Ausrüstung enthält alles, was du als erste Hilfe für deine Katze brauchst, damit es ihr besser geht, bevor du sie zum Tierarzt bringst.

Die Arzthelferin
Sie hilft dem Tierarzt. Sie weiß eine ganze Menge über Katzen. Wenn du irgendwelche Fragen wegen deiner Katze hast, rufe die Arzthelferin an.

Der Tierarzt
Der Tierarzt untersucht deine Katze. Wenn sie krank ist, wird er dir sagen, was getan werden muss, damit es ihr wieder besser geht. Manchmal gibt er dir Medizin für deine Katze mit.

Meine Katze

Versuche, einen Bericht über deine Katze anzulegen. Kopiere diese Seite, aber du kannst dir auch ein eigenes Muster anfertigen. Dann trage die richtigen Daten deiner Katze ein.

Spitze Ohren — weiße Brust — schwarzer Schwanz — weiße Strümpfe

Lass Platz für ein Foto, oder male ein Bild von deiner Katze. Dann notiere alle besonderen Kennzeichen deiner Katze.

Name:

Geburtstag:

Gewicht:

Futter:

Lieblingsspielzeug:

Tierarzt:

Arzthelferin:

Telefonnummer des Tierarztes:

Medikamente und Impfungen

Deine Katze kann krank sein, wenn sie Würmer hat oder Insekten in ihrem Fell herumkriechen. Um das zu verhindern, wird dir der Tierarzt geeignete Medikamente für deine Katze mitgeben.
Viren können deine Katze ebenfalls krank machen. Der Tierarzt wird deine Katze jedes Jahr impfen, um sie davor zu schützen.

Register

A
Abtrocknen 37
Augen 11, 43
Ausstellungen 38

B
Belohnung 31
Beruhigen einer Katze 28
Bestrafung 31
Bürsten 19, 37

D
Duftmarken 11, 27, 34, 35

E
Erste-Hilfe-Ausrüstung 44
erwachsene Katze 20, 38, 39, 41
Erwerb einer Katze 20, 21

F
falsches Futter 25
Fell 10, 14, 15, 16, 17, 36, 37, 42
Ferien 39
Freiheit 34-35
Freunde 13, 23, 27
Futter 24-25
Füttern 24-24
Futterplatz 23, 42

G
Gefahren 19, 28, 33
Gesundheit 21, 42-43, 44

H
Haarbälle 36
Haarwechsel 36
Halsband 19, 21

J
Jungtiere 20, 21, 38, 40, 41

K
Kamm 19, 37
Kastration 40
Kater 21, 22, 40
Katzenkorb 18, 23, 33
Katzennickerchen 26
Katzenpension 39
Katzenstreu 18, 30
Katzentoilette 18, 23, 30
Katzentür 19, 31
Katzenwahl 16-17
Katzenwiege 33
Kätzin 21, 22, 40
Kleinkatzen 12
Krallen 10, 11, 42
Kratzbaum, -pyramide 19, 32, 33, 35
Kreuzungen 14, 15

M
Mischlinge 14, 15
Maul 21, 43

N
Namensschild 19, 21

O
Ohren 10, 11, 16, 42

P
Pflege 26, 36-37
Pflegeausrüstung 19
Pfoten 10, 11, 42
Pupille 11, 28, 29

R
reinrassig 15
Reisekorb 18, 21, 39

S
Sauberkeit 19, 30, 35
Säugetiere 10
Schnurren 20, 26, 27
Schwanz 10, 11, 26, 29
Spiele 27, 32, 33, 38, 41
Straßenkatzen 12, 13

T
Trennung 39

V
Verhalten 26-27, 28-29, 34, 35

W
Wildkatzen 12, 13
Wohnungskatze 32-33

Z
Zähne 11, 24, 43
Zahnpflege 43
Zitzen 40
Zubehör für Katzenhaltung 18, 19
Zucht 14, 15
Zunge 11, 27, 29, 36